www.ingramcontent.com/pod-product-compliance
Lightning Source LLC
Chambersburg PA
CBHW041608260326
41914CB00012B/1417
* 9 7 8 1 9 1 2 8 1 7 8 5 6 *